www.ingramcontent.com/pod-product-compliance
Lightning Source LLC
Chambersburg PA
CBHW081003170526
45158CB00010B/2896
* 9 7 8 1 0 8 2 4 7 1 4 1 4 *